U0129388

名　字

紀州人著

文史哲詩叢

文史哲出版社印行

國家圖書館出版品預行編目資料

名　字 / 紀州人著. -- 初版. -- 臺北市：
文史哲, 民 109.07
　　頁；　公分（文史哲詩叢；146）
ISBN 978-986-314-517-2（平裝）

863.51　　　　　　　　　　　109009762

文 史 哲 詩 叢　146

名　字

著　　　者：紀　　　州　　　人
出 版 者：文　史　哲　出　版　社
　　　　　　http://www.lapen.com.tw
　　　　　　e-mail：lapen@ms74.hinet.net
登記證字號：行政院新聞局版臺業字五三三七號
發 行 人：彭　　　正　　　雄
發 行 所：文　史　哲　出　版　社
印 刷 者：文　史　哲　出　版　社
　　　　臺北市羅斯福路一段七十二巷四號
　　　　郵政劃撥帳號：一六一八〇一七五
　　　　電話886-2-23511028 · 傳真886-2-23965656

實價新臺幣二二〇元

二〇二〇年（民國一〇九）七月初版

ISBN 978-986-314-517-2　　09146

楊　序

凝結與反射拔涉者精神驛站《名字》

我的老公：
在眾人脫穎而出，
老公的大名被刻印在國家考試典試委員會榜單上數次。

家裡的厚重講義與書本有著老公的手漬，從一字一字原
文字唸起
重覆又重覆至少讀了 10 遍以上的老公
成績是努力的佐證，他卻跟我說
成績及格是學習的開始，
如同＜畢業生＞詩中　溫度留下過去的記號
期中考這天
寒雨落下
校園裡學子熙攘
情觸景生，
老公寫下畢業生
也寫下感觸

＜名　字＞

或長或短
是對生命過程激情迴響

老公曾說
人人有飯吃，有房住，安居才能樂業
他悲憫也宏觀
在現今社會裡

＜春　牛＞　詩中

放不下的喘息，儘管已沒有耕犁，
耕鋤依然是為了勸農，還是為了日漸透明的收成。用字淺白
的現代寓意詩，切入現實著手
縱橫跳躍
為人性定音

＜　wish　＞

寬容的呼喚
任何地方
承受不一樣顏色
春風大雅能容物

自 序

　　現代詩，對我來說象徵的是種自由，沒有拘束的美，更是種理想的展演。我的寫作歷程由現代詩展開，但首先出版的書籍是散文集《蜉蝣人之歌》，原因在於現代詩難工。

　　詩是精緻的語言，包括精煉、細密、雅緻，且能首尾相應、尾韻無窮，並且給予讀者多重聯想空間。不僅僅在文字上做瞭解，也可以在文字以外做延伸，更可以在作者的指涉中找到對既有的、未知的、不甚瞭解的，好比是現象或寄託的情感中讀到新的啓發。此外，在詩語言的顯、隱之間必須拿捏的恰到好處，我以為這是詩的意境、藝術之所在（2017.02.26 於吹鼓吹詩論壇網站與詩友交流寫下）。

　　大約在開始寫作的兩年後，才出版第一本詩集《成廣澳的黎明》，邀集了多位詩界前輩好友作序，再來又出版了第二本散文集《那些閃耀的日子》後來到了寫作第五年的現在，才由我親自為自己的詩集自序。初次自序的這本詩集《名字》沒有意外的話，已是我最後一次主動投稿出版的著作。

　　散文常常寫的是別人的真實，現代詩常常寫的是自己的真實，我的作品如是。

　　《名字》乘載了在我所處的年代裡，現實社會的種種現象帶給我的影響，影響轉化為文字，文字中的思想，是我的理想。

　　理想來自於己身的人生路途中，所經歷過的與所見識過的，除了自己的更有他人的，這一切都伴隨著成長與落寞，最後在心中昇華成為了理想，理想的輪廓是反映現實社會的心願：「認真生活的所有人都能夠享有真正的公平。」

張洧豪寫於 2020 年初夏

名　字

目　次

天下的風來坊

雲曾經是雨水的臉孔
有著藍色的笑容

太陽帶不走的憂鬱
在地上發芽
隨風搖擺著腳步

八哥與麻雀的鬥爭
在眼角之中
乞食與祈禱的一線之隔
填滿身畔流轉的顏色

《創世紀》詩雜誌 197 期

註：詩題源自三条豐的歌曲＜天下の風來坊＞

Wish

任何地方
是否可以承受
不一樣的
以及
冉冉同樣的
顏色

2017.11.22

人　人

跨出了腳步
卻失去了重心

收進口袋的雙手
掏出了大字

在無垠的地上
留下背光的影子
以及兩劃

《創世紀》詩雜誌199期

人　間

喘息是被預約的夕照
盡頭還有著轉角

月光下的不只有行人
還有躲藏在鞋跟底下
那些承重的連鎖磚

《創世紀》詩雜誌 200 期

下雨之後才走的人

你盼著
風起時才有的雷雨

你說
我們坐著的座位曾經是
給水牛歇息的樹蔭

直到我看見

起風了
你走了

只留給我半截
還在燃燒的香菸

2016.11.03

已　讀

風吹是如何
在葉脈間的搏動

紛擾的似乎
已讀世間

如博望坡的火焰
又如梵谷與高更的
追與不追

《笠》詩刊 332 期

不願下山的人

雲放下了執著
從山巔緩緩的降落
風拉起了帷幕
在這山間的小屋裡

綠色的樹蔭透露了日常
在山坡上的旱地裡找到
山澗溢出的油脂
用太陽的溫度來取火
烹調一份美好的日曆

夜裡飛翔的螢火蟲
是山裡頭的路燈
照亮了薄霧的輕舞
遠處的唧唧聲喚著
鏡頭捉不到月亮的顏色

抱著憧憬的彩霞
將意志種植於仲夏的星空上

隨風起落的葉子
寫滿了心願
在晨曦來臨的時候
開心的笑了

樹上的果實掉落
等到春天他又會活起來
如溪流洗不盡的螢光
正在白玉髓上頭跳躍
這是記憶卡放不下的印象

去年冬天的雪還沒下來
深綠的葉子卻逐漸變色
人們在山上掩埋黑色的瀝青
冒著煙的是這條往山上的便道
樹梢散發銀白色的光亮
夜鷹學會在白晝啼哭
海的氣息在山上蔓延開來
空氣裡的芬芳帶有鹹味
一座座的土坑
藏不住許多人的渴望
彎曲終究是被平坦取代
站在護欄邊望著懸崖的下方
眼睛抓住的不再深邃

瀑布唱著
在風吹以前的故事

溪水輕快的拍打節奏
果實躺在地上曬著陽光
蜘蛛在綠葉與紅花之間結網

黑夜的眼淚應該在黎明後擦乾
花必須在盛開的時候離枝
黎明的碎片或許該在黑夜裡撿拾
人們怎麼肯相信彩虹會在夜空裡盛開

在風吹以後
不願下山的人
是我

《創世紀》詩雜誌 194 期

現在的過去

住在你的過去裡面
不知道什麼時候才能離開
當初之所以不願搬遷或許也源於此
一幀照片出土
真相只是如此
丟不掉的
送不走的
仍在呼吸

2017.05.06

太陽雨

念著佛說八大人覺經的僧侶
在捷運站旁托缽
眼睛微微的闔上

是日
七月初一
在閏六月的年中
祭拜的時候還沒到

看見
濛濛細雨
撒在陽光下
聚積在僧侶的腳下

2018.07.12

北方日記

眼睛裡的冬天
在老人的眼角滑落
在年輕人的額頭滑落

只是塵埃
集中成了墨跡乾涸在稿紙上
徘徊的情緒
在都市中的熱島
蒸熟了藍天
所以顏色開始變深

眼睛裡的春天
在街角的傳單裡面

據說買一張機票
可以離開這裡
只是要先穿上西裝

2018.05.05

台北街頭走幾回

誰的眼睛
看見的是不停息的腳步
當騎樓藏住了陽光下的影子
人們也停住了
在候車的告示牌前

誰的腳步
走進每一扇旋轉門內
留下背後的身影給人尋找
每一刻的痕跡

《華文現代詩》19期

生 活

一口飯裡的收穫
餵養了陽光

期待能夠閃耀在黑夜中的
樓地板上的彩虹

期許會不會開始有了錯別字
在希望也成了郢書燕説的模樣時

一口水裡的桑田
會不會成為蒼蒼的天際

2018.08.04《中華日報》副刊

印　象

誰在捷運站出口旁寫上了號碼
讓行人注目的不再是彼此
被消音的號誌橫躺著

騎樓遮不住斜張的夕陽
鴿子來的時候不像黑夜的迷魅
遁逃的是餵食的老人與小姐

一雙雙眼睛成對的被刻在牆上
凝視著鞋跟的踢踏

《笠》詩刊 320 期

名　字

每當有人經過
就會給你一脈
黃了又綠的葉子
如今在栩栩如生的電視機裡
重播一段又一段的鄉愁

偶然落下的那些雨水
已擱淺為一灣海峽
圍繞在你的身畔
舞著一曲又一曲的
過去與未來

《笠》詩刊 333 期

在天亮之前

散漫的光線
映照不出迷惘
黑夜的悲傷
曾經走過堤防
浪潮在秋季洶湧

指針的方向順著走勢
看見瀰漫的情緒
是沸騰的計數
分貝

2018.10.09

如果還有你說

連鎖磚上寫著一首詩
那是光與影
那是藍天白雲還有樹蔭
那是寫下來的
如果

地下道旁的連鎖磚上頭
有著聳立的椰子樹
向著旁邊的斑馬線
小綠人正向著小學校的門口
那是畫下來的
你說

2018.10.12

早市的夜燈

已走得很遠
看見的只有搖曳的昏黃
已非忙碌的盛夏

來不及冷的嚴冬
在後頭盤點
捆起的儲藏

忘記的找零
還在沿街吆喝著
誰的回首

2019.02.02

有話要說的是海洋

風起的時候
海洋才抓到麥克風
獨自吟唱各自解讀的

或許她曾經寄託給海鷗
讓那親近海洋的人知道

潮水的心事
還在撲通撲通的淹沒

2018.11.03

自　治

多年以前
曾以為政治是條河流
雲端的水滴能滋養
直到乾涸的同時
才明瞭政府
好像荒溪那樣蜿蜒

《笠》詩刊 331 期

西　沉

沒有吵到別人
安靜的時空裡有沒有星光
不等人察覺的時刻
留給世界的問題
會不會有解答

悄悄的名字像風
吹紅了一篇又一篇新頁

2019.03.30

西 照 日

日頭
照著阮　照著恁

毋知影
大漢細漢有差別

刁意故
照著阮照無恁
親像西照日

形　影

一圈圈的煙霧
畫出了椅子

不同的姿勢
看不出兩隻腳的重心

遞減的溫度
會不會再回升
手中的銅板
能不能換成鈔票

聚焦的是誰的影子
在越來越短的光線裡面
跳不出嘆息

《掌門詩刊》73期

志　氣

在碗裡的天空
有著不同的彩虹
湯勺舀起的還有
不一樣的明天

點亮招牌的志氣
是南部家鄉的熟悉
還有遙望的臉龐

《創世紀》詩雜誌 199 期

志 願

並不曾想像什麼
只要有人牽手就好
笑容在他的身上就好
從我身體裡出去的也有著笑容就好

搖著手邊的旗幟
從來不是我的想像

當天色暗了下來
迎接我的希望不要像
沒有汗漬的眼淚那樣的鹹

2018.10.27

我所看見的太陽

日出只照在應許的人身上

我曾經想觀望
但是日出的時間從來沒有定數
只能在新聞報導中看見日出的美景
美景中還有許多人與日出的合照
他們是應許的人

暖暖的感覺在冬天
太陽的溫柔就是這樣
我曾經想體會
不料只遇見雨天

我沒有太多時間能休假
我只能在傳說中找太陽的足跡

偶然我遇見了太陽
可是我覺得他像嚴厲的目光把我灼傷

我開始期待雨天
至少可以團結地上的小草

2016.09.28

我是隻螞蟻

每天從前面跑到後面
與同伴交頭接耳
問安以後還得工作
每天從白天跑到黑夜
即使怒吼也沒有人會聽見
因為我是隻螞蟻
渺小到只有在咬到你腳跟時
才會被記得

《笠》詩刊 316 期

沒有魚的海

海鷗開始遷徙
因為海洋的鹽分開始蒸發
靠港的漁船開始壅塞了起來
引水人打算改行
看顧燈塔的人決定關掉電源
因為海水失去了鹽分
代代相傳的傳說
寫在一張張魚拓上
只是黑白

《華文現代詩》20期

見　你

數以萬計的日子裡
我沒有見過你

燈火懸念的日子裡
你也不在經書裡

汗珠滴下的禾土裡
仍然沒有見過你

彈指與搯指
都算不著你的時空
直至寫成了職志

問著有沒有你
在千辛萬苦裡

2019.05.02 寫在到醫院實習之前

車過蘆洲

過去的蘆葦花
現在開成了樓房
水乾涸成現在的柏油路
洶湧的市公車
唱著鷺鷥的夜曲

新舊的演義
是河堤左岸上的花絮
當捷運載走了往事
車已過蘆洲

《華文現代詩》20 期

那裡、有時

藍色的天空不再深
白色的雲朵散成露水
降下的不適合滋潤街坊
酸化的口吻

有時候會想起
曾經與過去的惋惜
總在那裡
有著藍色與白色的接觸
有著綠意與金黃的合影

2017.12.10

味　道

菜單上寫著遙遠的地方
食物的名字可能要加上調味
客人才能找到忽遠忽近的熟悉

筷子長長的雙腿
在圓桌上
走過了山脈
越過了海洋

2017.08.09《人間福報》副刊

呼　吸

天空與地面逐漸相斥
人們開始演繹
回不到過去的清醒

鑰匙打不開未來
鄉音是逐漸稀疏的星辰
一顆顆的撲火
燃燒最後的氧氣

2017.12.13

夜明有黃花

燈照亮的

能讓人看見的是
夜深幾許又能有幾時

嘆走調的昏黃
躺在長椅上歇息
從雙腿蹬出了
黑夜

2018.09.07《更生日報》副刊

或許有人說

誰看見了彼此
在被放逐的真理當中
典範已經模糊

心中手中握著的不一定
像失去砝碼的天秤
女神的眼睛隔了一層紗

始終模糊的是
有人這樣說
或許

2018.09.28

於是我們成爲夸父

當麥穗升空的時候
那些土壤中的
竊竊私語
會不會畫記
雨天與晴天的交接

執著
是掌心的皺褶
當我們看見豔陽
會不會準備開始追日

2019.07.09

東石的港味

蚵仔的情
如何寫在火裡
沸騰的情緒
還在桌上擺動
雙箸是不停止的心跳

海味伴隨著秋風
像是雨夜的思念
如潮水漫進了眼眶
在黃昏後的夜
仍是穿起襯衫西褲
迎著回憶來注文

《創世紀》詩雜誌 199 期

阿西的夜晚

灶前有著熟悉
情感寫在客人的腳步中
低頭與抬頭之間的
是香氣的交流
而微笑是最好的語言

在一次次的招呼中
聽見人聲已經在夜裡走過
春夏秋冬

2018.12.27

雨 天

擦不去的水漬
是昨天開始的累積
灰色的是今日的天空
問不出所以然的明天還在遠端
像祈禱的彩虹那般
不可褻瀆

啊！
是誰的發聲
在抬頭眺望的時候
卻闔上了扉頁

2019.05.22

客別洋岸

看見海水的深藍色
是起風的時候
這時的船錨紛紛揚起水花

另一端的山脈是青色的
山腳下有黃色的稻穗
迎著從海上來的風

我站在省道旁
背對著回憶
藍色的海、透明的風
船錨上的鏽斑

青色的山脈上有淚水滾落
朝著出海口流去
朝著山腳下的稻穗流去

新的夢境正開始構築
省道上的標線也開始斑駁

《掌門詩刊》73 期

既視感

冬季的行道樹
枯枝有種似曾相識的糾結
在去年或更早以前
在種子落土時
劇場已經拉開帷幕

腳掌仍深深又淺淺的
拓印大小不一的足跡

畢業生

雨季裡面寫著冬天
溫度留下過去的記號
那些溼透的背影
昇華了當下的哲思
今天滂沱的雨水
又洗去了誰的呼喊
在越來越遠的未來

《笠》詩刊 335 期

星　星

可能是不知道
自己什麼時候要墜落吧
所以盡量地綻放光芒
直到被黎明遺忘的
時刻

2018.12.27

染 色

光是鋪陳的概念
在審美之前
顏料整齊的排開

過了這扇門還有那扇窗
迎來不一樣的氣色
以及來不及說的
何方

2018.12.27

致分手

長凳鋪好了一夜
星星們乘著涼風而上

黃昏和月色在
雙手的影子上交換約定

太陽升起以前
閃爍的光芒將在
太陽升起以後
從此成為海馬迴裡的密碼

2016.11.28

風吹過的時候有沒有雲朵

祈禱天空一直是藍色的
尤其是在灰色還帶點細雨的時候
希望雲層早一點散開
空中的鳥兒或許也是這樣唱著祈晴文吧
所以啾啾的叫著　盤旋著

等到陽光穿過了雲層的時候
鳥兒飛上了屋簷繼續叫著
是細雨停下來的時候

祈禱風吹過的時候
可以催熟這一片花開成的海
在細雨停下來的時候
陽光曬乾了灰色的天空
落下的細雨是不是脫水的過程
所以完成的時候有鳥鳴聲
有彩虹捎來的訊息
揭露祈晴文裡沒有交代過的事情是這樣的

我們不明白未來的事情
我們不明白現在的事情
我們不明白過去的事情
天空該是什麼顏色的
大地該是什麼顏色的

透過文字代代相傳的是不是歷史
還是種象形的迷惘
用現在的角度來回溯與推敲
最好的結論會不會是
風吹過的時候天空有著雲朵
可以覆蓋過去現在未來

2018.09.17《更生日報》副刊

飛　鳥

方向不是個疑問句
在小小的心中
有著能夠讓雙臂成為翅膀的願望
那是從地上謄出來的
肖像畫

2018.01.17

香　菸

呼吸著你的感情
卻吐出了心灰的粉末
看見地板上的足跡
磨滅脂油的路徑

浮　生

夢境裡的人
像過客一樣不回頭

如今
我抱著不走的夏至
等待秋風起時

2016.11.01《更生日報》副刊

海 洋

走進你的溫柔
我伸出雙手
漂洗今生的倒影

《大海洋》詩雜誌 2017 秋季號

烏　雲

背後有藍天
地上的人這樣說
雨季後的彩虹
是天上的祝福
汗珠裏頭的折射
是地上的恩寵

只是那灰暗的視線
能不能享受啼哭後的擁抱

2019.06.02

病 房

光線是被固定的角度
像表情那樣的一致
像說話的語氣
天空被鑲嵌在病歷中
寫著護理紀錄的人
總是陪病的家屬
一張張同意書裡的簽名
總是看得見一樣的黃昏

2019.07.06

追逐死亡

魚開始離岸高飛
海鷗紛紛向北追逐

甲板下躲著人
他們沒有黝黑的皮膚
臉上盼望著走不到的西方

太陽準備離開這裡
留下一片黑暗來讓人期待
黎明的碎片

《笠》詩刊 316 期

寄　生

汗水滋養的泥土
有沒有辦法開出專屬於
誰的

過去與現在終究要化成
人行道上菱形的小嘴
訴說的心事

那些
吻痕所刻劃出的夾縫
是不是最美的風景

汗水所滋養的泥土
覆蓋上水泥以後
仍有人笑著走過

2019.01.27

帶著黎明出走

踏著風註解的腳步
面向幽深
想像之後的黯
背後還有誰的呼喊

露水清洗了深夜
留下的足跡
模糊了視線
在朝陽照耀之下
有沒有祕密

2017.11.29

捷運站前的人影

當背影出現的時候
明天就悄悄的近了吧

在白天歌唱不知名的夜曲
移動中的人們擁抱著不一樣的海

背包裡擱著
今天還沒整理的記憶

包括擦身而過的旁白

《野薑花》詩刊 23 期

牽　手

　　當年初相識，阮兩个是同年生的，攏相龍。愛你不是三兩冬，你對阮係真意愛！走相逐，走相逐，為何早離開三天？哭無目屎，哭無目屎，躺在床上等你來看阮，阮係無力走，一口氣，一口氣，暝夢等待你。

　　當年初相識，阮兩个是同年生的，攏相龍。綴前綴後，綴前綴後幾十年，阮對你係針線情，走相逐，走相逐，阮跤步卡慢，卡慢你三天，哭無目屎，哭無目屎，毋願拋下你，暝夢來相見。

2016.01.24《中華日報》副刊

外子說

　　我是圓規上的石墨
　　立於你的軸心
　　畫出一圈又一圈的
　　同心圓

2019.09.03

被買走的男子

雨水中的破傘沒有遮蔽
屋簷下的空間太窄
翻出僅有的明天
用看見日月星辰的視野
向未來借了收入
在腰際繫上了鈔票做的皮帶
每過一天就收緊一點

牆上的日曆紙開始起飛
照片中的身影跟著斑駁
會不會開始想念
那段在雨水中的破傘沒有遮蔽的日子

《笠》詩刊 318 期

透　視

不同方向的人
有著同樣的異色瞳
即便是島嶼隔開的海峽
還是有相同的船隻
雨水碰撞的時候
說穿了
說不穿的

《華文現代詩》19 期

都　市

因為害怕孤單
所以我們要聚在一起
把房子蓋的緊緊的
留下一條縫隙好伸手觸摸
夜晚是空白的
所以我們必須要點燈

讓月光顯得黯淡
這樣世界才能真正的屬於自己

《笠》詩刊 322 期

頂溪站前的告別式

水乾涸了所以船也成了車陣
人口多了所以透天厝也成了公寓
馬路拓寬了所以分隔島就站在中間
紅綠燈急了就喊不出聲
斑馬線載人走了幾萬步路後喘了幾聲問：
「寶馬來過嗎？」
於是樓房又再度長高
於是梁柱在屋頂上被鐵皮拆散
新店溪的水流再也容不下漁船
黃土吃了柏油以後瀝青就要埋下

中空的建築物外頭有著反射陽光的鏡面
蒸熟了情緒給在晌午奔波的人們享用
走進地下室的人
只是進了下一個輪迴

軌道像是在地下室裡大蟲子爬行的痕跡
大蟲子駝著車廂載著人群在地下加班
總統看見了也得避開這樣的新潮流

或許人們不再期待日光
詩人們不再寫詩歌詠這個世界的繁華
全躲進時光隧道裡讚揚過去的美麗

城市有部分老了還沒代謝
城市有部分新生正在報到
擠成一團在空白的稿紙上等著被書寫
對街的人佩著口香糖與雞蛋糕兜售著過期
的青春
看見竄起的避雷針上
有人試著接收天國來的訊息

2018.09.13《更生日報》副刊

堤防下的海洋

我想親近你
但他們說你很危險
用混凝土做了堤防
用混凝土做了消波塊
讓我離你遠一些

於是見到你開始洶湧了起來
在消波塊上留下了白色的書信
我想撿起來
卻在我眼前碎開

抬頭望向站在遠方的你
即使是這樣的晴天
視野仍然模糊

在天空中歌唱的人

首日封上寫著飄移
是誰投遞給明天的信息
看得見過去的如果

日記簿上頭的蠟封章
憔悴得像今天的雨
滴落在窗沿後被遺忘的樣子

後來的陽光
曬傷恐慌的夜鷺
於是牠們在公園裡站立了起來
收起了翅膀

凝視過頭的車票
在雨後的街道上有著
飄揚的芬芳

遠處仍有著歌唱的旋律
在不知名的人影中
唱著故鄉

2018.06.20

街角的雙眼

在雨後的騎樓下
有一雙眼睛
透過與腰際平行的視線
擷取印象

夾腳拖與高跟鞋
在那塊已乾涸的盆地上碰撞
凌亂又整齊的步伐踩踏著
一雙眼睛凝視
城市的過去和現在

奔襲的車流與人流
帶走了被遺忘的鏡頭
殘像在瞳孔裡滯留
街角成了暗房
沖洗著街景
一雙眼睛在街角凝視

雨後的彩虹似乎忘記回來

騎樓下再也沒有浪漫的收傘
人們似乎開始習慣淋雨
一雙眼睛悄悄關上

人流與車流持續喧囂
來不及鋪上柏油的巷弄漸漸被踏平後
整齊的長出一座座銅像
上頭掛著迎賓彩帶
一雙闔上的眼睛流出淚來
閃爍著

今天的街景
明天的城市

《創世紀》詩雜誌 193 期

著　火

時代的走廊上
有火的腳印
指著下一代的門扉
有些蒼白的臉堆疊成門簾

當眼角的光線成了火線
所有的秩序都在燃燒

《創世紀》詩雜誌 194 期

象山的冬天

屬於葉子的
是秋天的紅色

拾起地上的黃色
是冬天的記憶

雲朵的目光
望著地上的車流與人群
那是不止息的循環

觸摸不到的高樓
是這個季節的面容
有著離別與相逢
只是還有些
難以啟齒的
只是

2018.11.20

距離那一點，遙遠

生活有一種慣性
所以來了還是維繫著過去
習慣尋找港灣
因為故鄉的味道嗎

晴朗的天空裡
看得見遠方的熟悉
只是模糊了視線

一個一個過去式
在眼前上演
或許複製的是回不去的那端

現在怎麼樣呢
聽說那端變得繁華
這裡落得荒涼

　　　　　　——從綠島來的人

註：臺東縣的成功與富岡地區，有許多來
　　自綠島的移民，他們來不及參與故鄉
　　的繁華，卻見證了新天地的落寞。

《笠》詩刊 319 期

新港的暗暝

阮佇碼頭頂等待天光
路燈陪伴阮
燈塔指引恁

欲去佗位
欲去佗位

車燈猶未來來去去
船隻猶未來來去去

月暗暝
賰的只有阮佇碼頭頂
等待天光

煙灰的春天

冒煙的時候
是開始發亮的時候
直到顏色成灰
抖落地上的期間
我向神祈禱
讓我在墜落之前有意識
能夠燙傷這個世界

2017.03.14

當人們開始歌頌

閃耀的日光
成為一種驕傲
在雨水的季節裡
破曉的黎明是
烏雲的恩賜
地上發黃的嫩芽
歌頌著青澀

2019.07.13

節日症候群

掛在日曆紙上
每年都有這天
不斷重新提起
那條路的名字
好像是春夏秋冬
卻再也寫不出來
是誰的身影與腳步

2019.06.08

經　過

風雨都不足以
襯托這樣的線條
端坐或是挺立
仍不足以象徵這樣的光影
唯有那日光下的氣旋
曾不經意的吐露
昨天與明天

《創世紀》詩雜誌 200 期

落下的會不會知道

花只開在深邃的遠方嗎
移植的美麗總是短暫的流光
天上的雲朵在嘆息
風吹不動的時代

玻璃窗上寫下的日記
是雨水在蒸發前的足跡嗎
倒影裡面的皺紋
埋著誰落下的願望

2019.06.02

落 土

視線畫出了弧形
在低頭與抬頭之間

交換的只是如果
以及溜走的時間

影子前面的光芒
刷淡了這個世界的線條

2018.11.03

落在海上的雨滴

打在臉上卻找不到痕跡
被淹沒的瞬間
情緒找到了出口
在折射的餘韻裡頭
藏著複雜的崎嶇
就讓波浪捧著碎花
撒在岸上

《笠》詩刊 318 期

試著寫給你：女兒

從識字起便沒有寫過信
即使這是心繫在肩上的生活

掐指的時候
月光讓你的影子長高
陽光使我的影子變矮

數算著
你的與我的
在相片裡的笑容
誰比較甜

心從肩上跑到膝下的時候
你已經開始飛翔
剩下鏡子

陪著我複習
那些年一起數算的年歲
還有牽掛的眉梢

註：因感念於太太同事與女兒間的真摯之
　　情，嘗試以第一人稱角度書寫這樣的
　　情感。

《掌門詩刊》73 期

詩的唯心論

心鼓動了寫意
還是寫意鼓動了心
生出詩的骨肉
或挺直或端坐或斜躺成峰
心也鼓動著讀者
生出詩的雨季

《華文現代詩》19 期

過 去

無法倒退的黃昏
像無風的海洋
我是艘帆船
迷失方向
在一場
電影
裡

《華文現代詩》19期

對海浪說再見

你伸手把車燈關了起來
在這個微雨的夜晚
雨刷失靈

方向盤開始沉重
動力一起失靈
警示燈亮起
停在靠海的地方
打開車門

你說：
海風海浪都散了
海風海浪都不屬於彼此

於是夜更深了
雨水滴滴答答的聲響
你、我都聽見了

漂浮的狀態

在這個懸疑的世界裡
要學會漂浮
背對地面

看著天上有人在飛
只是因為找不到支點

2017.12.03

說與不說

始終不是誰能作主的是天氣
好像蒸餾後的彩虹
留下沒有人知曉的

微醺的人潮
倒向何方

起飛的是候鳥
據說牠們
在冬季的時候銜著希望

2018.12.27

影 子

向著陽光
影子跟在後頭
拉起深深的帷幕
回頭的時候
卻躲藏到背後
駝著無盡的
流籠

2018.08.20

誰 懂

暈眩的天空
關不住眼睛裡的韻腳
延伸跨界的霓虹
閃閃爍爍

騰不出縫隙的時間
總停留在髮梢上花白了
我的你的還有他的

2018.09.23

齒　輪

從前
我常在發呆
想像螺絲那樣轉

直到有人將我繫上鍊條
才知道自己也可以
用自己的方式
向前走

《華文現代詩》19期

燈下的玫瑰

雲霧是從你口中道出的故事
畫出了你看過的風景
鞋跟的撞擊是伴奏的鼓聲
飄逸的長髮上染了亞麻色的心情

今夜你為誰綻放
又將為了誰凋謝

我為你取個名字叫做明日香
期待能夠天天看見你綻放
不只在這樣深的夜

《笠》詩刊 320 期

舊東西

放在嘴裡咀嚼的
是不同的人說的不同的滋味
曾經是滋味的呼喚
落在人心裏頭的點滴
拓印成手指的形狀
有人說那可以是
烏雲的墨跡
更有人說那是四季的
雨滴

《創世紀》詩雜誌 199 期

癡情的新港

碼頭的春天
是船頭的晴天
站著的形影
寫著你的

結冰的魚身
有著浪潮的記號
絲線的情意勾串著

換誰來説
這黝黑的皮膚
迎風與逆風
心事猶在岸上
捧著日光

關　係

恆定的太陽
曬出了花朵的芬芳
但黑子是種意外
像多變的天氣
為青春期的憂鬱加溫

2018.01.02

從淡水望向八里的夕陽

眺望的人群
站在回首的渡船頭
交通船的執著
寫在河與海之間
在即將落幕的黑夜裡
有燈火取代太陽的光輝
而左岸的山丘下看見
漸漸有了海水味的河水
那是被騰出的時空

2019.09.20《人間福報》副刊

夜宿新北投

背包裡的紀念
是微笑的北投市場
溫暖的濁流瀑布
唱著誰的故事
街頭藝人的長笛
吹奏著今夜的情懷
一瓢又一瓢的溫泉水
倒映出一抹又一抹的溫柔

2019.11.18

盆　地

曾經是雨水的滋養
引人流向的安心
成家的北方是南方的靠岸
舀乾旅人歸途的是溪水的支流
環抱不了的水牛睡在過去的田埂
灰色與白色是新潮流的純粹
抬頭還看不看得見藍色與青澀
假裝低頭的稻穗
贏來的只是空心

2019.09.03

春　牛

放不下的喘息
儘管已沒有耕犁
節氣不分明的現代
耕鋤依然是為了勸農
還是為了日漸透明的收成
一寸寸的光陰總喚不回
汗珠裡的牛鼻環

《笠》詩刊 335 期

晴　朗

誰靜止佇立著
看屋簷上的貓步出
背影上的瀟灑
向風的眼光下離去
於是不再模糊
看得見光的直視

《創世紀》詩雜誌 201 期

流連的窗

摸不到的窗沿
只是曾經的呼喊
灑進來的陽光與月光
帶來了想像
像是飛舞的塵埃
從角落的畚箕裡飛揚

踏上的皮鞋
領略了風光還有泥濘
換來了終究
留在孩提的吶喊
像是分不清楚的青春與辜負

2019.10.10

看見嗎

為你整理好的世界
是明天的催促

視線編織成的網膜
是為了讓你看見整理好的世界

那裡沒有塵埃
更沒有落水的貨幣

2018.12.15